AF259828

OR
338

RÉFLEXIONS.

IMPRIMERIE D'HIPPOLYTE TILLIARD,
RUE DE LA HARPE, N. 78.

RÉFLEXIONS

LA SENTENCE PRONONCÉE

CONTRE

LE MARQUIS DE PALMELLA

ET AUTRES,

PAR LA COMMISSION ÉTABLIE PAR DON MIGUEL AU PORTO.

PAR LE Dʀ. J. A. DE MAGALHAENS.

PARIS.

PAPINOT, LIBRAIRE,

RUE DE SORBONNE, VIS-A-VIS L'ACADÉMIE.

1830.

RÉFLEXIONS

SUR LA SENTENCE PRONONCÉE

CONTRE

LE MARQUIS DE PALMELLA ET AUTRES,

PAR LA COMMISSION
ÉTABLIE PAR DON MIGUEL AU PORTO.

Nous avons sous les yeux la sentence prononcée contre le marquis de Palmella et autres, par la commission établie par D. Miguel dans la ville de Porto. Cette sentence est à la fois un titre de gloire pour les condamnés, et un monument d'opprobre et de condamnation pour les juges.

Nous trouvant hors du Portugal, et par conséquent n'étant pas à même de consulter toutes les pièces du procès ; privé des informations nécessaires pour en dévoiler les turpitudes les plus particulières, nous ne pouvons pas entreprendre une exacte analyse de cet avorton juridique. On trouve cependant beaucoup à dire dans l'extrait qui compose le

2

corps de la sentence ; et sur cela nous ferons quelques réflexions.

Mais avant d'en examiner les différentes par=ties, nous allons établir les principes d'après lesquels on doit la juger dans son ensemble.

D. Miguel est usurpateur de la couronne de Portugal ; c'est une vérité dont l'évidence a été mise dans tout son jour dans plusieurs écrits. Ceux qui voudraient s'en convaincre n'ont qu'à les consulter (1).

Les actes exercés par D. Miguel lui-même, ou en son nom, n'ayant d'autre fondement que son usurpation, sont illégitimes et par consé=quent nuls. Donc le procès intenté contre le marquis de Palmella et les autres, aussi bien que la sentence qui les condamne, sont illé=gitimes et nuls.

Si nous examinons le droit portugais, nous trouvons au chap. 75 du liv. III du Code civil,

(1) Portuguese question; London. — De la légiti-mité en Portugal. — Injuste acclamation du Sérénis-sime infant D. Miguel. — Deux mots sur le prétendu acte des trois États. — Examen rapide de l'acte etc. — Dernière session du Parlement anglais et des Cham-bres de France. — Journaux.

qui a pour titre : *de la sentence qui est par droit nulle*, que la loi déclare nulle et incapable de pro⸗ duire aucun effet toute sentence rendue par des juges vendus, ou appuyée sur de fausses preuves, ou prononcée par des juges incompétents, ou enfin contraire au droit et aux lois du royaume.

Une commission composée d'hommes coupa⸗ bles eux-mêmes du crime de haute trahison, nommée par un pouvoir usurpateur qui n'est pas moins criminel, et qui par cela même est intéressé à se débarrasser des sujets fidèles au roi légitime; enfin une commission autorisée à se passer des formalités que le pouvoir le plus arbitraire res⸗ pecte ordinairement, peut-elle être regardée comme une autorité incorruptible ?......

Un procès organisé par des ennemis dans l'ac⸗ cès de la fureur que l'esprit de parti produit toujours dans ces temps de trouble où l'on fait de la vertu un crime, peut-il avoir d'autres fondements que de fausses preuves ? L'inimitié, selon les criminalistes portugais, suffit pour qu'on doive refuser les témoins dans les procé⸗ dures criminelles. Le témoignage de l'ennemi capital est infirmé par la loi. Ord. L. 5, T. 37, § f. T. 6, § f.

Ces causes d'inimitié désignées par la loi ne sont que des exemples, et outre celles-là il peut y en avoir encore bien d'autres, comme le prouve la pratique d'un grand nombre de jurisconsultes portugais, qui ont appliqué à plusieurs autres cas l'esprit de la loi. Cette législation est connue de tout le monde, et les membres de la commission ne pouvaient ignorer que de tels témoins étaient *ipso facto* des ennemis capitaux des condamnés, autant au moins que les juges eux-mêmes, et que par conséquent aucune foi ne pouvait être accordée à leur témoignage aux termes de la loi. Il suffit que l'existence de la cause de l'inimitié soit constatée, pour qu'on la juge prouvée.

Est-il juge compétent celui qui n'a aucune juridiction ni sur les choses, ni sur les personnes qu'on soumet à sa juridiction? Une commission nommée par D. Miguel, usurpateur, peut-elle avoir quelque juridiction en Portugal et sur des Portugais?

N'est-il pas contre les lois du royaume et le droit qu'elles établissent, de juger crime de haute trahison la fidélité gardée au roi? Ne serait-ce pas dire en propres termes qu'on peut être traître?

5

Qu'entend-on par crime de lèse-majesté ?
Voici ce que dit la loi : (Ord. L. 5 T. 6.)

Crime de lèse-majesté, c'est la trahison contre
la personne du roi, ou contre son État.

Qui était le roi de Portugal, dans le temps
où l'on accuse le marquis de Palmella et les
autres d'avoir commis ce crime ? Pour nous passer d'autre preuve, ce sera l'infant D. Miguel
qui répondra : c'était D. Pédro (2).

(2) Lettre de l'infant D. Miguel à D. Pédro, du
6 avril 1826: autre du 12 mai de la même année,
dans laquelle, après avoir fait plusieurs protestations
d'obéissance et d'amour, il ajoute : Je vous présente
de nouveau les sentiments de loyauté dont je me sens
animé envers l'auguste personne de V. M., dans laquelle *je contemple uniquement le souverain légitime*,
que la Providence, en nous privant tous les deux
d'un père, dont nous regrettons la perte avec tant
de raison, a voulu me conserver par sa bonté, adou-
cissant ainsi le chagrin qui m'accable. . . . .
Lettre du même à son auguste sœur, alors regente,
en date du 19 octobre 1827.
Lettre du même, adressée aux Pairs du royaume
de Portugal, le 25 février 1827.
Protocoles de Vienne et de Londres, contracts,
serments réitérés, et tous les actes enfin qu'il a pu-
bliés comme régent au nom du roi, et qui ont servi
à préparer et à consommer l'usurpation.

Qui est maintenant le roi de Portugal? Que ce soient les souverains de l'Europe, et plus particulièrement le roi de la Grande-Bretagne, qui répondent : c'est D. Maria II, par l'abdication de son auguste père (3).

Quels sont les faits criminels qu'il faut commettre pour être capable du crime de lèse-majesté? 1º Attenter aux jours du roi, de la reine sa femme, ou de leurs fils légitimes, ou donner pour cela secours ou conseil; 2º. se révolter et s'emparer des forteresses royales ; 3º se joindre en temps de guerre aux ennemis du roi pour combattre contre ses États ; 4º conseiller les ennemis du roi contre sa personne, ou contre ses États ; 5º s'associer contre le roi et son État, se révolter contre lui et en donner le conseil ; 6º favoriser l'évasion d'un criminel de haute trahison ; 7º tuer ou frapper à dessein quelqu'un de la suite du roi ; 8º casser ou mépriser l'image du roi, ou les armoieries

(3) On peut consulter les ouvrages dont nous avons fait mention, p. 1.

Réception, et séjour de cette souveraine en Angleterre.

royales élevées en son honneur. (Ord. L. 5.
titre 6.)

Le marquis de Palmella et les autres ont-ils
commis quelqu'une de ces actions contre le roi
D. Pédro ou contre la reine D. Maria ? La commission du Porto n'a pas même osé leur imputer
un tel crime. Non-seulement ils n'ont commis
aucun crime contre le roi légitime , mais ils
n'ont pas même attaqué l'usurpateur.

D. Migüel a été l'agresseur. Le marquis de
Palmella et les autres se sont acquittés d'un
devoir.

La loi qui déclare criminelle toute association
contre le roi ou contre l'État , et tout acte de
rébellion , impose à tous les citoyens la plus
stricte obligation , non-seulement de rester
fidèles à leur roi , mais encore de le défendre
contre les rebelles. La loi qui impose cette obligation rend légaux les moyens de l'accomplir ;
donc l'obligation de fidélité au roi donne le droit
de résister à ses ennemis.

Qui est-ce qui s'est révolté contre le roi de
Portugal ? l'infant D. Miguel et ceux qui l'ont
soutenu.

Qu'ont fait le marquis de Palmella, et tant

de milliers de Portugais qui l'ont précédé ou suivi ? Ils ont défendu le Roi contre la rébellion.

En ce cas, n'est-il pas contre le droit positif dicté par des monarques jouissant du droit le plus absolu, et qui croient que tout dépend d'eux, que l'accomplissement d'un devoir soit un crime?

Le gouvernement usurpé de **D. Miguel**, ne se trouve pas d'accord avec la législation portugaise. Toute application qu'il en fait est arbitraire, illégale et nulle (4).

(4) Puisque D. Miguel veut fonder en partie le pouvoir qu'il a usurpé non pas sur l'acclamation nationale, mais sur celle de la canaille qu'il a payée, nous pourrions rapporter ici toute la théorie du droit de résistance contre le pouvoir illégal, théorie que l'on trouve dans tous les publicistes, et dans toutes les constitutions, même les plus monarchiques : mais nous aimons mieux raisonner d'après l'esprit du droit particulier portugais, pour prouver aux membres de la commission, que sans recourir à des principes qu'ils taxeraient de révolutionnaires, nous ne manquions pas d'arguments pour démontrer l'illégitimité de l'autorité qu'ils exercent, et l'iniquité de l'usage qu'ils en font.

Nous omettons le cas spécifié dans le § de la loi déjà citée, où il s'agit de la mort de l'ascendant, ou du descendant du roi ; 1° parce que du moment que l'in-

Telle est la censure de droit qui foudroie la sentence en question, censure dans laquelle les soi-disant hommes de loi de la commission se trouvent également compromis.

Quoique une parfaite ignorance soit le patrimoine de beaucoup d'hommes de loi portugais, cependant les membres de la commission n'ignorent pas ce qu'on vient de dire, et tout ce qu'on pourrait ajouter encore ; mais ils veulent atteindre leur but, et s'embarrassent peu de l'immoralité des moyens qu'ils emploient.

Des êtres si pervers, n'ont ni asséz de bonne foi pour accueillir la vérité, ni assez d'honnêteté pour apprécier un beau nom.

Aussi ce n'est pas pour eux que nous écrivons : c'est pour les hommes impartiaux, et pour l'histoire qui leur a déjà marqué sa place à côté des Jefferys et de tant d'autres bourreaux de l'humanité, qui ont ensanglanté la terre.

Tous les membres de la commission ayant

fant s'est révolté, et s'est mis en guerre contre l'État et contre le roi, il s'est placé par son propre fait hors du bénéfice de cette loi ; 2° parce que la commission, malgré toutes ses autres calomnies ne s'est pas avisée de faire cette imputation au marquis de Palmella et à ses compagnons.

reconnu le Roi D. Pédro, et lui ayant prêté serment de fidélité, après avoir exercé l'autorité judiciaire en son nom depuis 1826, se sont rendus volontairement les instruments de l'usurpateur D. Miguel.

Parties intéressées à la destruction des Portugais fidèles, non-seulement ils n'ont pas hésité d'accepter le choix qu'on a faitd'eux pour condamner les défenseurs de la légitimité, mais encore ils s'y sont prêtés avec la joie féroce des bourreaux, sans que cette circonstance leur ait arrêté la main au moment de signer la sentence, sans égard pour la loi du L. 3, t. 24, qui défend à tout magistrat d'être juge dans sa propre cause ou dans celle des siens. Heureusement c'est une preuve de plus de la fidélité du marquis et de ses compagnons. Ils avaient tous servi leur roi et leur patrie; quelques-uns avaient déjà illustré leur nom; il ne leur manquait, pour combler leur gloire, que la persécution d'un tyran.

Voilà pourquoi nous avons dit que cette sentence illégale et nulle, était un monument de gloire pour les condamnés, d'opprobre et de condamnation pour les juges.

Après avoir établi l'illégitimité d'un tel docu=

ment, examinons-le dans ses différentes parties.

1° Le préambule, où l'on prétend justifier la raison générale du procédé.

2° Les imputations individuelles.

« Il est prouvé que sitôt après l'heureuse et
» miraculeuse restitution de sa Majesté à son
» royaume, qu'il venait rendre heureux par sa
» présence, quelques Portugais dégénérés et
» déloyaux, excités par l'esprit malin de l'or=
» gueil et de l'ambition, et poussés par leur
» inique et implacable haine contre sa royale
» personne, voyant dans son héroïque valeur,
» dans la fermeté et la sagesse avec laquelle il
» commençait sa très heureuse régence, l'an=
» nonce de la nullité qui les attendait, et pré=
» voyant peut-être la prochaine punition de
» leur insidieuse conduite, sont sortis précipi=
» tamment ou clandestinement du royaume,
» sous divers prétextes, dans la malicieuse et
» coupable intention de faire croire chez les
» nations étrangères, l'existence d'une immi=
» nente persécution, tandis qu'au contraire, ils
» avaient été reçus par leur auguste seigneur,
» avec la plus souveraine et vraiment royale
» bonté. »

Passons les jeux de mots bruyants dont les juges ont rempli ce troisième paragraphe sans exactitude, et parlons de l'essentiel.

On a établi comme un premier fondement d'accusation, la sortie de quelques Portugais de leur patrie, après l'arrivée de l'Infant D. Miguel, ayant pour but de faire croire chez l'étranger, à la persécution qui était sur le point d'éclater dans ce pays : sortie tout-à-fait criminelle aux yeux des juges ; et pourquoi ? Parce que ceux qui sortaient avaient été bien accueillis par l'Infant !

Il est faux que la sortie de quelques Portugais, ait suivi immédiatement l'arrivée de l'Infant D. Miguel.

L'état des choses était tellement désespéré au moment où l'Infant est entré à Lisbonne, que presque tous les Portugais désiraient que sa présence y mît un terme.

Les espérances et les craintes, tout était en suspens ; tout allait se fixer, et dans cette illusion, plusieurs jours se passèrent sans que personne eût l'idée de sortir du royaume, malgré les désordres qui avaient commencé au palais d'Ajuda, lors du débarquement de l'In=

fant, parce qu'on les avait préparés d'avance.

Il est faux que l'Infant ait bien accueilli les Portugais et les étrangers. Il montre toujours de la bienveillance, au moment où il va frapper le coup mortel. Ainsi quoiqu'il n'ait pas reçu froidement quelques-unes des personnes qui se sont empressées d'aller au palais d'Ajuda, le féliciter, elles ont été attaquées, insultées, et ont manqué d'être assassinées par une canaille effrénée qu'on y avait placée et payée dans cette intention. Prétendra-t-on dire que ce soit de la bienveillance, que de consentir à de tels outrages contre ses hôtes? Se serait-on porté à ces excès, si l'Infant ne l'avait pas voulu?

Le patriarche de Lisbonne, le général Caula, le président de la chambre des députés, le comte da Cunha, et beaucoup d'autres personnes, après avoir essuyé les plus mauvais traitements, se sont trouvés bienheureux de conserver leur vie.

Le prince de Schwartzemberg, pourrait dire de quelle nature était l'accueil qu'on faisait au palais d'Ajuda. Ni le caractère de prince, ni la qualité d'étranger, n'ont pu le garantir des insultes.

Ajoutons à cette réception le choix d'un mi=

nistère composé d'hommes dont le nom seul faisait présager la persécution et la mort ; la destitution des commandants et des officiers, qui, jusqu'à cette époque avaient servi D. Pédro contre les rebelles, et leur remplacement par les ennemis acharnés de ce souverain, gens démoralisés et propre à tout genre de méchancetés. Et qu'on nous dise ensuite franchement, si l'on pouvait se croire en sûreté dans un pays plongé dans un tel désordre par ceux qui auraient dû protéger sa tranquillité.

Le ministre de la justice Furtado de Mendonça, a porté l'impudeur jusqu'à réprimander sévèrement par une circulaire, les magistrats des villes qui avaient eu la loyauté de vouloir étouffer à sa naissance l'esprit de révolte.

Telle a été la paix, tels sont les avantages que la miraculeuse restitution de l'Infant D. Miguel a procurés au Portugal dès le premier moment ; et tout cela n'a été que le prélude de nouveaux actes par lesquels il a détruit entièrement l'ordre établi dans le royaume, après avoir juré à Lisbonne de maintenir les lois et le repos de son peuple.

Les actes dont nous venons de parler sont la

dissolution de la chambre des députés, et la création d'une commission pour former un projet d'élections pour l'organisation d'une nouvelle Chambre; actes qui, outre la rébellion reconnue qu'ils contenaient, étaient nuls par leur contexte même. La Charte constitutionnelle avait été octroyée par le roi D. Pédro, et reconnue en même temps que lui par tous les souverains; et pourquoi? parce qu'elle ne se trouvait en contradiction ni avec le droit public européen, ni avec le droit public portugais.

Les souverains qui formaient la Sainte-Alliance, avaient proclamé que c'était du haut des trônes que les Chartes devaient descendre. Le droit public portugais dit que le roi est la loi vivante et animée sur la terre.

D'accord avec ce principe, D. Pédro pouvait être législateur du Portugal d'après ses sages et sublimes idées : c'était à l'Infant à faire fructifier l'arbre qu'un roi juste venait de planter. L'Infant pouvait, s'il avait voulu, donner la paix au Portugal; il n'avait qu'à parler : si ses sentiments eussent été d'accord avec les promesses qu'il venait de faire à Vienne et à Londres, on aurait oublié le passé; en faisant disparaître les

partis, il aurait rendu la tranquillité aux Por=
tugais. Mais il voulait usurper la couronne; il
voulait s'abreuver de sang et assouvir sa rage
comprimée depuis le 30 avril 1824; il devait
alors poursuivre son chemin.

Ces chefs destitués et les Chambres auraient pu
très bien s'opposer au torrent qui allait rompre
sa digue; mais comme tout était ordonné avec
la plus grande hypocrisie par l'Infant **D.** Miguel
au nom du roi, quel moyen restait-il à des sujets
fidèles qui voyaient dépouiller le roi en son propre
nom? Ils n'avaient plus qu'à se retirer, et à
abandonner un pays où le parjure et la trahison
allaient établir leur empire. Aucune loi ne le
leur défendait, et cependant ceux qui dépen=
daient du gouvernement n'ont pas manqué de
lui en demander la permission.

Les journaux de ce temps-là sont remplis
de congés accordés par le gouvernement, aussi
bien que d'ordres arbitraires, qui forçaient
beaucoup de personnes à sortir du royaume.

Ainsi donc, c'est dans le palais même où é=
sidait l'Infant **D.** Miguel que les premiers actes
arbitraires ont été commis. La crainte a forcé les
uns à un exil volontaire, et le gouvernement a

signé l'expatriation de beaucoup d'autres. Il en
résulte donc que le fondement que nous combat=
tons est faux (5).

Ce que nous ne pouvons pas trouver, c'est le
miracle dont les juges se félicitent à propos de
la restitution de l'Infant D. Miguel au Portugal,
si ce n'est dans l'extrême bonté du roi D. Pedro,
d'avoir donné sa confiance à ses ennemis, et d'a=
voir remis le pouvoir à celui qui devait l'usurper.

Le deuxième paragraphe n'est ni plus vrai,
ni moins perfidement écrit.

Paragraphe deuxième : « Il est aussi constant
» d'après les pièces de l'enquête, avec toute
» l'évidence qui résulte des correspondances
» surprises, de la combinaison et certitude des
» faits, de la notoriété et coïncidence des suc=
» cès, que l'Infant D. Miguel par ses sages me=
» sures et sa paternelle bonté bien connue dans
» le royaume et chez l'étranger, avait daigné
» complaire aux vœux de ses sujets, et satisfaire
» à leurs pressants besoins, exposés dans les
» mémoires que lui avaient adressés le sénat de

(5) Les preuves en sont dans tous les papiers du
temps. Les ministres étrangers n'avaient pas encore
quitté Lisbonne et ils ont tout vu.

» la commune de Lisbonne, et presque toutes
» les communes du royaume, et que, à cet effet,
» il avait ordonné la convocation des trois états
» du royaume par son royal décret du 3 mai
» 1828. Immédiatement après, ces Portugais
» dégénérés, ces ingrats commencèrent à as-
» souvir leur férocité et leur implacable rage,
» en formant des trames et des complots
» pour empêcher cette réunion d'une si haute
» importance, au moment où toutes les classes
» du royaume, pleines de joie, confiaient
» toutes leurs espérances à la grandeur sans
» bornes, et à la paternelle bonté de cet au-
» guste seigneur, et adressaient au suprême
» arbitre des empires les vœux les plus ardents
» pour la conservation et la prospérité de leur
» auguste régent.

» Ce fut alors que quelques-uns des susdits
» criminels, unis à leur insidieux chef, le mar-
» quis de Palmella, s'assemblèrent dans le
» palais de la légation portugaise, à Londres,
» devenu alors atelier infâme et honteux de
» leurs conspirations, et dénaturèrent avec la
» plus perfide et abominable malice les royales
» et héroïques vertus de Sa Majesté, en calom-

» niant sa royale personne avec le plus grand
» acharnement, et l'exposant à la plume mer-
» cenaire de journaux vendus. C'est là que
» ces traîtres rédigeaient de séditieuses et in-
» sensées protestations et faisaient croire que
» dans ce royaume tout était livré à la ven-
» geance d'une faction effrénée qui allait le
» mener à sa perte et se préparait à accomplir
» sur ses débris leurs projets avec la plus ar-
» tificieuse témérité. De là ils appelaient au-
» tour d'eux toutes les personnes qui, par
» leur perversité, n'étaient pas satisfaites du
» gouvernement de Sa Majesté, et se liguaient
» enfin pour aller rejoindre leurs infâmes com-
» plices, leur porter secours, et soutenir la
» révolte, faisant une guerre parricide à leur
» pays et au trône qui les avait distingués et
» accablés de bienfaits. »

On établit comme un second fondement l'ob-
stacle que les personnes qui avaient quitté le
Portugal ont apporté à la réunion des trois états
du royaume, malgré la parfaite connaissance
qu'ils avaient de la paternelle bonté avec laquelle l'Infant D. Miguel avait pourvu aux besoins de la nation.

D'abord il faut observer que dans le paragraphe précédent on donne comme prouvée et
criminelle la sortie des Portugais dont on parle,
et que dans celui-ci on veut conclure par la
coïncidence des faits , que ces mêmes Portugais
ont travaillé pour empêcher la réunion des trois
états, c'est-à-dire , que les Portugais qui étaient
alors à Paris , à Londres , et dans d'autres endroits , obstruaient les chemins du Portugal ,
de sorte que les députés des communes ne pouvaient pas faire route pour Lisbonne.

Quelles étaient les sages mesures dont nous
parlent les juges ?

Le décret du 3 mai 1828 , par lequel l'Infant
se démasquant entièrement , ordonnait la convocation d'une assemblée composée de personnes
propres à confirmer une usurpation déjà ac-
complie par des moyens tels que l'Infant lui-
même , dans un autre décret du 25 avril , fut
forcé de désavouer comme tumultueux, le décret
déjà publié et signé de sa main *royale* ?

Qui oserait dire que les pressants besoins de
la nation étaient de donner à D. Miguel , régent , le titre de D. Miguel , roi ? Il n'y a que
les membres de la commission qui oseraient

l'avancer, parjurant ainsi et trahissant leurs serments antérieurs.

Personne ne dirait non plus que le moyen d'appaiser les partis, de fermer les anciennes blessures et d'améliorer les fortunes individuelles, était renfermé dans l'usurpation de la souveraineté, qui mettait l'Infant à la tête d'un parti ennemi déclaré de tout ordre légal.

Telles ont été cependant les sages mesures de l'Infant que les juges étalent avec de si bruyantes expressions, mesures propres à consommer leurs insidieux projets, mais tout-à-fait contraires au bonheur de la nation, qui n'offre aujourd'hui que le triste spectacle de la misère, de la désolation et de la mort...

Les attentats commis contre les Portugais ne pouvaient manquer d'exciter l'horreur de tous les écrivains publics : mais les juges auraient voulu que l'opinion eût été comprimée hors du Portugal comme elle l'était dans ce misérable royaume, et que le monde entier eût pu voir sans étonnement, et avec froideur, une usurpation d'un genre tout nouveau.

Il n'est pas vrai que les Portugais sortis du royaume aient gagné les journalistes ; l'opinion publique, cette reine du monde et des temps, marchait avant eux ; mais comme les journaux ont réprouvé l'usurpation , les juges veulent en faire un crime à ces Portugais. On trouvera que cette manière de raisonner est toute parti= culière à de tels juges. Il est vrai que sitôt après la publication du susdit décret du 3 mai 1828, tous les Portugais fidèles à leur Roi et à leur pa= trie, et qui avaient jusqu'alors souffert en si= lence, dans le royaume ou chez l'étranger, les désordres de l'Infant, se trouvaient obligés de lui résister. Ce décret était-il conforme à l'or= donnance du L. 5, T. 6 ?

Quel était le roi du Portugal, nous le deman= derons encore ? L'usurpateur lui-même, deux jours auparavant, ne publiant aucune ordon= nance qu'au nom du Roi , montrait à la nation entière que c'était D. Pedro : mais par ce décret il appelait une réunion de rebelles pour légiti= mer sur sa tête la couronne qu'il venait d'u= surper. Ceux qui se seraient joints à l'usurpateur, et qui auraient fait partie d'une telle réunion , ne se trouveraient-ils pas compris dans la cinquième disposition du paragraphe de la loi mentionnée ci-dessus. N'était-il pas alors arrivé le moment que la loi a marqué pour acquitter le serment de fidélité, et par conséquent le moment de mettre en action tous les moyens nécessaires pour l'accomplissement de cette obligation ? Les moyens de défense devaient être réglés selon la nature de l'attaque, et du moment où l'Infant publia le susdit décret, non-seulement ces moyens étaient devenus légaux, mais tous les Portugais étaient obligés de les employer avec d'autant plus de vigueur, que jusqu'alors ils avaient gardé le silence et montré de l'obéissance. Le conseil militaire créé au Porto dans la séance du 16 mai, n'a pas eu d'autre origine. Quoique la législation et l'administration de la justice soient presque arbitraires en Portugal, on y reconnaît cependant les traces du principe de résistance à l'autorité arbitraire et usurpée. Dans une monarchie absolue on ne trouve de précédents que dans la législation particulière.

Les sujets Portugais n'étaient pas moins tenus de respecter et de défendre leur Roi légitime, que les représentants des souverains de l'Europe. Les ambassadeurs ont quitté aussi Lisbonne. Ils ont aussi résisté à l'usurpation de l'Infant, puisqu'ils n'y ont pas accédé. Pourquoi donc les membres de la commission ne les ont-ils pas mis en jugement ?

Concluons donc que ce fondement produit par les juges non-seulement est faux, mais encore qu'il est le fondement du crime, dans lequel ils se trouvent eux-mêmes compromis.

Dans la seconde partie du paragraphe, on tire un troisième fondement de la ligue que le marquis de Palmella a faite à Londres dans l'intention de rejoindre ses infâmes complices au Porto, et de faire la guerre à leur patrie aussi bien qu'au trône qui les avait comblés de bienfaits, au moment où toutes les classes de la nation ne cessaient de faire les vœux les plus ardents pour le bonheur de leur régent.

Ici l'impudence passe toute expression. Supposons que les Portugais faisaient des vœux pour leur régent, c'était en cette qualité, c'était dans l'attente que ce régent, guidé par les conseils et par les ordres de son auguste frère, le délivrât des Bastos et des Andrades, en établissant une administration juste ; enfin, c'était dans le moment où le régent n'avait pas tenté de les entraîner dans son parjure et dans sa trahison. Ainsi donc, comme on l'a remarqué plusieurs fois, tant qu'il ne s'est pas donné le titre de roi, on ne lui a pas opposé la moindre résis= tance dans le royaume ni chez l'étranger.

Sa déclaration contraire à ses engagements a eu lieu le 3 mai. Le 16 seulement s'est formé le conseil militaire au Porto ; et la protestation du marquis de Palmella a été postérieure, car elle n'a été rédigée que le 23. Avant cette protestation, le marquis n'avait fait aucun acte tendant à contrarier le gouvernement de l'Infant ; aucuns rapports, aucunes combinaisons n'existaient entre le marquis et les Portugais qui étaient à Londres, et encore moins avec ceux qui s'étaient réunis au Porto.

Les généraux qui se trouvaient à Londres, ont publié leur protestation le 26. Il n'existe aucun document qui puisse indiquer qu'ils aient agi par l'instigation, ou d'après les conseils du marquis de Palmella.

La même cause devait produire nécessaire- ment les mêmes effets. La raison est dans le sus= dit décret ; il ne faut pas la chercher où l'on ne pourra jamais la trouver.

Le point de départ du marquis a été le même que celui de tous les Portugais qui n'ont pas voulu se souiller du nom de parjure en s'associant à l'usurpation. Le marquis de Palmella n'a pu avoir connaissance du susdit décret, à cause de la distance où il se trouvait du Portugal, que dans le temps où la moitié du royaume, et presque toute l'armée s'étaient déclarées contre l'Infant; d'où il résulte qu'il est faux que le marquis se liguait à Londres, au moment où toutes les classes du Portugal faisaient des vœux pour l'Infant, puisqu'il n'a cessé ses fonctions que depuis ce temps-là.

On trouve la preuve la plus évidente de ce que nous venons de dire, dans le paragraphe premier, des imputations faites au marquis de Palmella. Les juges, y parlant du mouvement de Porto, disent : «Immédiatement suivi par quatre provinces du royaume. » C'est-à-dire par plus de la moitié du petit royaume de Portugal, où toute la force de la perfide usurpation n'était pas suffisante pour comprimer les sentiments loyaux dont se trouvaient animés les habitants des autres provinces, qui attendaient avec impatience leurs libérateurs.

Voilà les vœux que toutes les classes du royaume adressaient au ciel pour l'Infant! Voilà la disposition des esprits ! Le cri de fidélité partit do Porto, semblable au feu électrique, se fait aussitôt entendre dans quatre provinces du Portugal ; tous les habitants courent se ranger autour des défenseurs de la légitimité. Les juges ne peuvent, quoi qu'ils fassent, étouffer la vérité ; sa lumière perce à travers les noires calomnies dont ils prétendent masquer leur procédé atroce.

Ce n'est pas la nation portugaise, mais une faction seulement qui aime l'usurpation; et cette faction, déjà vaincue en 1826, ne serait jamais parvenue à ravir la couronne à son roi légitime sans trahison, et si elle n'avait abusé de son royal nom.

Les aveux échappés aux juges peuvent donner une idée de ce qu'on trouvera dans le procès ; mais ceux-ci suffiront pour convaincre nos lecteurs de la turpitude d'une sentence où il y a autant de faussetés que d'assertions. Si le marquis de Palmella et les autres Portugais qui ont soutenu si héroïquement les droits de leur roi légitime, devaient quelque considération à leur patrie, ils ne pouvaient trouver un meilleur moyen de la lui témoigner, qu'en la délivrant des mains de ceux qui l'opprimaient, et en s'affranchissant du nom de rebelles ; s'ils avaient reçu quelque bienfait du trône, ce n'était point de l'usurpateur, mais du roi légitime, et leur éloignement pour celui-là était la plus noble manière de se montrer reconnaissants envers celui-ci.

Troisième paragraphe : « Il est enfin prouvé que les susdits criminels, d'accord et en parfaite intelligence avec les autres conspirateurs que renfermait ce royaume, les ont excités et poussés par différents moyens à faire des complots pareils, qui tous, ainsi qu'il résulte des correspondances originales qui ont été surprises, et que l'on trouve parmi les pièces justificatives du procès, avaient pour but d'empêcher la réunion des trois états du royaume, au risque d'une guerre civile ; chose inouïe ! guerre qu'ils ont ensuite allumée, étant soutenus par quelques-uns de leurs complices, dont l'influence a fini par en attacher beaucoup d'autres à leur infâme parti, et par laquelle ils se sont rendus coupables du plus grave et du plus horrible crime de lèze-majesté. »

Les réflexions que nous avons faites sur le paragraphe précédent, prouvent évidemment la fausseté de celui-ci, où l'on établit comme un fondement d'imputation, que le marquis de Palmella et les autres condamnés ont excité les conspirateurs (d'après l'expression des juges) qui étaient en Portugal, dans le dessein d'empêcher la réunion des trois états.

L'opposition à l'usurpation de Don Miguel a commencé dans le royaume le 16 mai, bien avant que le marquis de Palmella ait pu en avoir connaissance; comment peut-il donc se faire que lui et les autres aient été les instiga= teurs de ceux qui se sont déclarés en Portugal plusieurs jours auparavant?

Cette contradiction se fait encore plus forte= ment sentir, pour peu qu'on veuille réfléchir à ce qui est rapporté dans la sentence, en parti= culier contre le marquis de Palmella, sur le té= moignage de l'*Evening Mail*, du 4 juin.

« Que le marquis avait reçu des dépêches de la *Junta Provisaria* installée à Porto, et qu'il n'avait pas hésité à lui obéir et à suivre ses in= structions, parce qu'elle gouvernait au nom du roi son maître, tandis que le gouvernement de Lisbonne en agissait autrement. »

Si le marquis de Palmella n'a reçu les pre=

mières dépêches du gouvernement de Porto que le 4 juin, époque à laquelle il s'est décidé à entretenir une correspondance avec ce gouvernement, comment peut-il en avoir été l'auteur et le provocateur?

Tout le monde rend justice au marquis, à ses compagnons, et à ceux qui étaient en Portugal : ils n'avaient pas besoin d'être stimulés pour se montrer fidèles à leurs serments, pour résister à l'usurpation, et pour sauver l'Infant lui-même de l'abîme où il allait se précipiter. Tel était pourtant leur but, et le manifeste du conseil militaire, qui a été l'origine de tous les autres événements, le proclamait expressément. Ce dernier fondement n'est donc pas plus vrai que les autres; et si telles sont les bases sur lesquelles les juges se sont appuyés, on peut déjà apprécier la sentence qui en est le résultat.

La partie de la sentence qui contient les imputations particulières faites à ces criminels supposés n'est pas moins remplie de faussetés et d'iniquités juridiques.

Il y a trois classes de personnes condamnées.

1º Celles que le gouvernement de Porto a employées.

2º Les personnes qui n'ont pris aucune part aux événements du Portugal, quoiqu'elles y soient retournées pendant la période de l'existence de ce gouvernement.

3º Et des mineurs enfin.

Que les juges eussent appliqué la peine de mort, celle de confiscation, et toutes celles encore qu'ils pouvaient inventer, contre les personnes qui ont été employées par le gouvernement de Porto, pendant la glorieuse résistance qu'on a faite dans cette ville lors de l'usurpation de Don Miguel, tout cela ne nous étonnerait pas ; c'était une conséquence de leur position et de leur métier illégitime ; mais qu'ils aient jugé criminelles des personnes qui n'avaient pris part directement ni indirectement aux événements du Porto, et qu'ils leur aient appliqué les mêmes peines, c'est ce que personne ne pourrait jamais croire hors du Portugal, si on ne le voyait écrit dans des documents officiels. C'est ce qui donnerait au besoin la mesure des actes atroces par lesquels, selon l'expression des juges, l'infant Don Miguel est venu répandre le bonheur sur le misérable Portugal, en plongeant dans le deuil la plupart des familles.

On dit dans la sentence, feuille 10, en parlant du baron de Renduffe : Simâo da Silva Ferraz de Lima e Castro, de Manoel Joaquim Berredo Praça, Joaô da Costa Xavier, Francisco Zacarias Pereira d'Aranjo, D. Alexandre Domingos de Sousa et Holstein conde de Calhariz, et D. Alexandre Maria Souza Coutinho.

« Malgré qu'il ne soit pas prouvé que les susdits criminels aient pris aucune part officielle et active à cette même révolte, en acceptant des emplois et en lui rendant des services ; comme le projet de révolte est de la dernière évidence, pour soulever le royaume où ils ont effectivement débarqué, étant en connivence et en communication individuelle et ostensible dans cette ville avec les ennemis du roi, qui faisaient effectivement la guerre à ce royaume, ils ne peuvent échapper à la peine infligée dans les paragraphes 3 et 5 de l'ord. t. 5, t. 6. »

Les juges avouent que les criminels supposés n'ont pris aucune part officielle ni active à la prétendue révolte du Porto ; mais ils les trouvent coupables de s'être ligués pour soulever le royaume, d'y avoir débarqué et établi des communications avec les personnes qui l'habitaient.

On a déjà démontré que le plan de la ligue sup-
posée n'a pas existé.

Nous fournirons encore une autre preuve tirée
du corps de la sentence, et qui est le résultat des
fréquentes contradictions dans lesquelles sont
tombés les juges. On parle, feuille 6, d'une
lettre surprise à Francisco Silverio de Carvalho,
dans laquelle Joaquin Jose de Queiroz lui disait:
« Aussitôt que le Porto sera soulevé, la nouvelle
» en sera apportée en Angleterre, et il est na-
» turel que le comte de Villa Flor et Joaô Car-
» los, etc., s'y rendent de suite. » Comment se
peut-il donc que les Portugais résidant à Londres, aient eu quelques antécédents avec ceux
qui étaient en Portugal? Les juges disent qu'ils
sont convenus de venir soulever le royaume;
mais comment se peut-il, que le débarquement
ayant eu lieu au moment où la guerre existait,
et où les rebelles miguélistes venaient d'être
battus à Ega et à la Cruz dos Moroiços, ils
n'aient pris aucune part à ces événements?

Ils ont débarqué au Porto : est-ce là un
crime, dans le cas même ou l'infant Don Miguel
pourrait se prévaloir de la législation portugaise?

Que dit la loi au § 3 du titre 16e du liv. 5e.

« Si, en temps de guerre, quelqu'un passe aux ennemis du roi pour faire la guerre à son royaume. »

Quel est le fait illicite qui constitue le crime selon cette loi ?

C'est celui de faire la guerre, parce que c'est l'action qui prouve l'hostilité des intentions ; mais les supposés criminels n'ont ni fait la guerre, ni pris aucune part aux événements du Porto ; donc ils n'ont pas commis un crime, même par hypothèse.

Que dit la loi au § 5e ? « Si quelqu'un se liguait contre son roi et ses états, et se rébellait contre lui, ou donnait pour cela secours ou conseils? »

Supposons encore que l'infant Don Miguel puisse se prévaloir de la législation portugaise : nous demanderons alors quels conseils ou secours ont apporté à ceux qui étaient au Porto, des hommes qui, aussitôt débarqués, se sont rendus auprès de leurs familles, où ils sont restés tant qu'on a pu vivre tranquille dans cette partie du royaume?

Quel est l'homme qui, étant entré dans une

association, avec une intention quelconque, et s'étant exposé par le fait, lorsqu'il se voit près d'atteindre son but, ne s'empresse pas d'y arriver ? Voilà ce qui n'est pas compatible avec la nature humaine.

Si les actions humaines sont l'expression de nos sentiments, quelle opinion peut-on se for= mer de celui qui n'a agi d'aucune manière?

Les supposés criminels se trouvant dans ce cas, comme la sentence l'avoue, il est évident qu'ils n'ont pas, même par hypothèse, encouru la peine marquée dans le paragraphe de la loi.

Examinons le revers du tableau, et mettons la question dans son vrai jour : le roi de Portugal était Don Pedro, à qui Don Miguel voulait usur- per la couronne par le moyen d'une rébellion perfide ; la loi sur laquelle les juges s'appuient fait un crime de la révolte contre le roi ; quels sont ici les criminels?

Il faut remarquer la perversité et la mauvaise foi avec laquelle les juges mettent à dessein la confusion partout : ils parlent toujours du roi, comme si l'Infant était le roi, d'après les lois du royaume ; ils parlent du trône comme si celui de Don Miguel était légitime ; ils parlent enfin

3.

de la guerre faite au royaume, comme si l'op=
position contre une faction qu'on peut nommer
régicide (puisqu'elle a prononcé la déchéance
du roi Don Pedro), pouvait être regardée
comme une déclaration de guerre contre le Por=
tugal.

Les monstruosités de la sentence vont encore
plus loin.

La proscription n'épargne pas même la mino=
rité, quoiqu'elle fût favorisée par le code crimi=
nel portugais, tout rigoureux et absurde qu'il
est. Les juges sont supérieurs à la loi.

Les deux mineurs, le comte de Calharis et
Don Alexandre Maria, compris au nombre de
ceux qui n'ont pris aucune part officielle ni
active à la prétendue révolte, et auxquels par
conséquent on peut appliquer tous les raisonne=
ments qu'on vient de faire, avaient encore pour
eux la condition de la minorité. Sans avoir égard
à ces considérations, la commission les a con=
damnés à un exil perpétuel, et a prononcé la confiscation du tiers de leurs biens, et sur quel fon=
dement?

On dit dans la sentence, page 55.

« La minorité de Don Alexandre Maria de

» Sousa, et du comte de Calhariz n'est pas
» suffisante pour les garantir de la peine cor-
» respondante au degré de leur culpabilité et
» de leur malice ; car quoique la minorité soit
» une raison, selon le droit criminel portugais,
» le droit commun, et la législation des nations
» plus civilisées pour atténuer l'imputation et
» pour alléger la peine à cause du défaut pré-
» sumé d'un jugement formé, cependant elle
» n'est pas assez forte pour les exempter d'une
» grande responsabilité, puisqu'ils avaient at-
» teint ou peut-être passé l'époque du déve-
» loppement de la raison, qu'on présume tou-
» jours se perfectionner plus vite par les soins
» de l'éducation donnée aux gens de leur condi-
» tion, et que, pour cela, les susdits criminels
» se trouvaient déjà employés comme attachés
» à la légation portugaise de Londres. »

Ce sont les simples présomptions de la capacité morale des supposés criminels qui ont décidé les juges à leur appliquer une peine.

Ces présomptions elles-mêmes sont appuyées
sur des erreurs de faits, tels que celui de dire que
le comte de Calhariz était attaché à la légation
portugaise de Londres, ce qui est faux, et rend

fausse également la conjecture qui reposait sur cette erreur.

Il est vrai que les supposés criminels n'ont pas été examinés ni interrogés : les juges ne les connaissaient pas, et les témoins les connaissaient encore moins; mais qu'est-ce que cela fait aux juges? ces circonstances d'un si grand poids dans l'examen des preuves, et tant recommandées par Pereira e Souza, sont des bagatelles à leurs yeux :: ils présument que ces deux victimes ont une raison tout-à-fait développée, et cette présomption est suffisante pour les condamner, et à quelle peine? à un exil perpétuel, qui n'est pas inférieur à la peine de mort pour l'homme vivant en société; et, comme si c'était peu de chose, on y joint encore la confiscation du tiers de leurs biens.

La loi, au tit. 46 du liv. 5, marque l'âge de vingt ans comme le terme du développement des facultés intellectuelles ; mais les juges vont au devant de la loi ; leurs présomptions marchent avant elle.

Nous n'invoquerons pas les noms des Filangieri, Bentham, Beccaria, Brissot, et de tant d'autres dignes de réprobation aux yeux de tels juges : mais nous appellons pour l'opinion de Paschoal Jose de Mello que l'on admet comme classique pour l'enseignement public dans l'Université de Coimbre, et Pereira e Souza le plus suivi dans le barreau portugais.

Plus le crime est grave, plus on doit l'examiner avec sang froid et réflexion.

On ne doit condamner personne que d'après les preuves les plus évidentes.

On ne doit pas tergiverser sur le sens des preuves; au contraire on doit les réunir, et déduire la conviction de leur ensemble.

Il est préférable de laisser beaucoup de criminels impunis, que d'immoler un seul innocent.

Voilà la doctrine qu'on enseigne dans les écoles, et qu'on proclame dans le barreau; mais ce n'est pas la doctrine que suivirent les membres de la commission.

Ils auraient dû se rappeler du moins que la peine de confiscation accompagnant toujours la peine ordinaire pour le crime de lèse-majesté, elle ne peut être, en aucune manière, appliquée du moment qu'il y a commutation de peine ordinaire en extraordinaire : ainsi les mineurs étant exempts de la peine ordinaire par la loi, ne peu=

vent être jamais condamnés à celle de confisca=
tion, qui n'est qu'accessoire à la peine ordinaire.

Les iniquités, les contradictions et les nullités
dont cette sentence est remplie, suffiraient pour
la rendre illégale et nulle, quand même elle ne
le serait déjà dès son origine et dans son essence.

Pour ce qui concerne le marquis de Pal=
mella et les autres condamnés, le comte de
Villa Flor, généraux Saldanha, Stubs, Azeredo,
le comte de S. Payo Manoel, le comte da Taypa,
D. Filipe de Souza, Rodrigo Pinto Pissaro, D. Ma=
noel da Camara, Mendes, Savedra, Barreto, Feio,
Candido Joze Xavier, et Sampaio. Nous avons déjà
dit qu'il n'était pas surprenant que ces juges
leur fissent un crime de ce que l'opinion publique a désigné comme une vertu ; mais ce qui
est à remarquer, c'est que dans les imputations
individuelles dont on les charge, les juges ont
suivi le même système de faussetés et de contra=
dictions sur lequel ils ont fondé le fragile édi=
fice de leur ouvrage.

Il ne faut que produire quelques-unes de ces
preuves pour démontrer clairement ce que nous
avançons.

Sentence, p. 2. « Quant au marquis de Pal=

mella, il est démontré, d'abord, qu'oubliant avec
ingratitude la bonté et la royale magnanimité
avec laquelle S. M. avait daigné le recevoir
pendant le temps de son séjour en Angleterre,
ce qui, s'il eût été un homme bien né, aurait
suffi pour le désarmer des injustes préventions
et des malveillances dont il avait déjà donné des
preuves évidentes; et passant par dessus les
généreux sentiments et les devoirs qu'il aurait
dû garder en qualité de noble du plus haut rang
et représentant de la nation portugaise en Angleterre, par délégation et extrême bonté du
même auguste seigneur son maître, il s'est
érigé perfidement en chef de tous les portugais
réfugiés à Londres, et s'est montré le principal
moteur de toutes les trames et de tous les complots qui ont précédé le mouvement fatal et
formelle rebellion militaire qui a eu lieu dans
cette ville de Porto le 16 mai 1826, sitôt après
suivi dans quatre provinces du royaume. »

« Car prenant pour prétexte le décret du 3
du susdit mois de mai, qui contenait l'ordre
pour la convocation des trois états du royaume,
il se démasqua tout-à-fait, et adressa au ministre des affaires étrangères de S. M. Britannique,

le comte Dudley, la célèbre protestation, dans une note du 23 mai, pnbliée sitôt après, dans les journaux libéraux de Londres, des 2, 4 et 5 juin suivant, et copiées dans la feuille officielle du gouvernement rebelle de cette ville, n. 18, avec cet enthousiasme révolutionnaire, digne de pareils journaux, toujours prêts à con-trarier les gouvernements légitimes, et à calom=nier les actes propres à consolider et à défendre les institutions monarchiques, seul soutien des trônes. »

« Après cette note, dans laquelle le marquis de Palmella a osé dire qu'il ne lui restait d'autre parti que de cesser ses fonctions d'ambassadeur du gouvernement de Portugal, jusqu'à ce qu'il eût pu recevoir de Rio de Janeiro, les ordres qu'il allait solliciter, il est évident que ce crimi-nel a non-seulement abandonné la cause et les intérêts de sa patrie; mais qu'il n'a pas même hésité à être le premier qui élevât le cri de guerre contre le gouvernement dont il était le repré-sentant. Ces pièces ont été suivies, le 24 mai, de la protestation extraordinaire, adressée à la nation portugaise, par le marquis de

Resende, et le vicomte d'Itabayana , qui étaient alors à Londres, peut-être dans ce seul dessein : elle a été publiée dans le *Courrier* du même jour , et applaudie également dans la feuille, n. 18, des révolutionnaires ; — cette protesta= tion n'ayant d'autre cause que les mêmes dispositions malveillantes, contre ce royaume , lesquelles étaient le résultat des complots de la même ligue, dont le coupable marquis était le chef, avait été rédigée dans le même but ; — protestation où les susdits plénipo= tentiaires ont porté la préoccupation et le dé= lire, jusqu'à faire mention du décret du 13 mars, par lequel Sa Majesté , pendant sa glorieuse ré= gence, à dissous la chambre des députés, à Lis= bonne, et de celui du 25 avril, par lequel le même auguste seigneur à daigné répondre à la représentation de la commune de Lisbonne, comme si Sa Majesté ne pouvait pas même en sa seule qualité de régent, expédier ces décrets »

Première Fausseté.

Que le marquis de Palmella se soit érigé en

chef des Portugais réfugiés à Londres, et qu'il ait été le principal auteur de la révolte militaire du 16 mai.

Les premiers actes du marquis de Palmella, sur l'usurpation de D. Miguel, furent la note et la protestation du 23 mai, envoyée à lord Dud= ley, antérieures à la protestation que les géné= raux, résidents à Londres, ont faite le 26, sans concurrence, ni intelligence avec le marquis ; et postérieure à la déclaration du conseil militaire du Porto, faite le 16 du susdit mois.

Chacun de ces fonctionnaires a agi de lui-même ; où trouve-t-on alors, l'accord et l'insti= gation du marquis ? où sont les lettres, les solli= citations qu'il leur a adressées ? Tout ce qu'on peut remarquer dans la protestation du marquis, c'est la dignité et la modération avec laquelle il s'est borné à cesser ses fonctions et à demander les instructions à la personne au nom de laquelle il exerçait ces mêmes fonctions, c'est-à-dire au roi D. Pédro, de qui l'infant lui-même n'était que le délégué.

Il faut une fois pour toutes, se fixer à cette idée, qu'aucune résistance, ni dans le royaume,

ni chez l'étranger, n'a été apportée contre l'ad=
ministration de l'infant régent au nom du roi,
qu'après son décret du 3 mai, malgré les autres
actes par lesquels il tâchait de détruire l'autorité
qui lui avait été confiée.

La loyauté et la franchise avec laquelle le mar=
quis de Palmella s'exprimait dans ses dépêches,
la veille même du jour où a paru le décret ci=
dessus mentionné, dépêches qui doivent se trou=
ver au département des affaires étrangères, à
Lisbonne, prouveront qu'il n'a jamais eu l'idée
de se révolter contre l'infant régent.

La publication d'un de ces documents met=
tant dans le plus grand jour nos assertions,
prouvera enfin la fausseté de cette première im=
putation.

Les juges avouent en plusieurs endroits de la
sentence, et notamment à la page 2, que l'infant
n'était que le délégué du roi D. Pédro, dans
cette phrase ; — Avec laquelle il a commencé sa
très heureuse régence. — Comment peuvent-ils
donc justifier sa translation à la royauté? Voilà
le point essentiel.

Deuxième Fausseté.

Que le marquis ait abandonné, non-seulement la cause et les intérêts de sa patrie, mais qu'il n'ait pas hésité à être le premier qui levât l'étendard de la révolte contre le gouvernement dont il tenait son autorité, et dont il était le mandataire.

Le marquis n'a pas excité le Portugal à la révolte ; sa protestation était du 23 mai, et le conseil militaire existait déjà à Porto, le 16 du même mois, ayant à sa disposition une force de quatre mille hommes de troupes régulières, et appuyée, de l'aveu des juges eux-mêmes, par quatre provinces du royaume. Une protestation adressée au ministre de **S. M.** Britannique, à Londres, n'est pas une provocation de guerre civile en Portugal.

Est-ce un crime de l'avoir publiée? En le supposant, en serait-ce un de la part du marquis?

Le marquis était mandataire de l'Infant régent au nom du roi, et non pas de l'Infant roi, comme il se disait lui-même dans son décret du 3 mai.

Quelles sont les malveillances, dont le mar= quis a donné les preuves auxquelles les membres de la commission font allusion ici?

Nous ne laisserons pas nos lecteurs en sus= pens ; tout le monde les connaîtra comme nous.

C'est d'avoir sauvé la couronne, et peut-être la vie, au malheureux roi Jean VI, dans la fu= neste journée du 30 avril 1824 ; journée dans laquelle, l'infant Don Miguel a porté l'audace, jusqu'à garder le roi prisonnier pendant quelques heures : il a fallu que le corps diplomatique se rendît au palais de Bemposta, pour obliger les soldats qui le gardaient, à lui rendre la liberté, pour laquelle même encore on craignait tant, que le roi ne se jugea en sûreté que lorsqu'il fut à bord d'un vaisseau anglais.

C'est d'avoir toujours représenté la nation portugaise avec dignité, auprès des cours où il a résidé.

C'est enfin, d'avoir toujours mérité la con= fiance de tous les souverains de l'Europe, qui l'ont presque tous comblé des preuves de leur royale estime.

Nous retorquerons ici l'argument des juges : ce n'est pas l'infant D. Miguel qui, pendant son séjour en Angleterre, a bien accueilli le mar= quis de Palmella, qu'il ne pouvait se dispenser de recevoir. C'est le marquis, au contraire, qui oubliant les graves motifs qu'il avait de se plain= dre, tel que son emprisonnement arbitraire, néanmoins, fort honorable pour lui, puisqu'il avait été enfermé en même temps que son sou= verain Jean VI, c'est le marquis de Palmella qui a traité avec la plus grande magnificence, l'infant D. Miguel, et qui, en cette occasion, a fait de son propre revenu, et non de celui de l'État, une dépense considérable.

Supposons que l'accueil que D. Miguel a fait au marquis était sincère, ce que personne ne croira, connaissant le caractère de l'infant; se= rait-ce un motif pour que le marquis l'eût suivi, et lui eût donné secours, du moment qu'il lui avait pris fantaisie de se faire proclamer roi ?

Si le caractère du marquis de Palmella était tel que celui des juges, alors il n'aurait pas hé=

sité un seul instant à seconder les vœux de l'in=
fant; mais le marquis, toujours victime de la
loyauté et de la fidélité pour son souverain lé=
gitime, est doué d'un caractère trop noble,
pour seconder une aussi infâme trahison. Pour
qu'on ne nous taxe pas ici d'un trop grand en=
thousiasme pour le marquis, nous rappellerons
encore, comme un témoignage rendu à sa con=
duite loyale, dans cette circonstance, le pro=
cédé des ambassadeurs de tous les souverains de
l'Europe, abandonnant la cour de D. Miguel,
aussitôt qu'il eut usurpé la couronne; et nous
rapporterons les dépêches que le marquis de
Palmella a reçues du secrétaire privé de l'empe=
reur du Brésil, en date du 20 juillet 1828.

Cabinet impérial.

« S. M. l'empereur, mon auguste maître,
m'ordonne de répondre aux lettres que Votre
Excellence lui a adressées, en date du 24 et du 26
mai, qu'il approuve la manière dont Votre Ex=
cellence s'est conduite, dans le moment où elle
a reçu le décret du 3 mai (qui est sans doute
un acte de parjure et d'usurpation), en cessant
ses fonctions d'ambassadeur du Portugal, près

de la cour de Londres , et écrivant au ministre des affaires étrangères , vicomte de Santarem, la dépêche réservée du 24 mai , avec un exposé des motifs, qui portaient Votre Excellence , à cesser ses fonctions , ce qui est une preuve du patriotisme et de la fidélité de Votre Excellence. Sa Majesté ayant abdiqué la couronne du Portugal, en faveur de son auguste fille, D. Maria da Gloria, aujourd'hui , reine du Portugal , D. Maria II , n'avait pas cessé d'être son tuteur , et en cette qualité, Sa Majesté a pris, et continuera à prendre, toutes les mesures qu'elle jugera convenables, pour que les droits de sa fille soient maintenus, et pour que la loyale nation portugaise , puisse rester fidèle au serment qu'elle a prêté à la Charte constitutionnelle,

» Je profite de cette occasion, pour témoigner à Votre Excellence , que je suis avec toute la considération ,

Votre très humble serviteur ,

Francisco GOMES *da Silva.*

Rio de Janeiro , ce 22 juillet 1828. »

Après cette lettre et la proclamation de l'em=
pereur, du 25 juillet; après la réception qu'il a
faite à la députation, qui a eu l'honneur de lui
parler au nom des Portugais fidèles, tous les
procès intentés contre ces Portugais, peuvent
être regardés comme intentés au roi D. Pédro
lui-même.

Si le marquis de Rezende et le vicomte d'Ita=
bayana, ces deux diplomates dont nous nous
abstenons de vanter les vertus, parce qu'ils sont
vivants et que l'histoire se chargera de leur mar=
quer la place qu'ils ont gagnée par leurs services,
si ces deux diplomates fidèles au roi D. Pédro,
se sont acquittés de leurs devoirs en publiant
leur protestation du 24 mai, adressée à la nation
portugaise, cela peut-il être imputé au marquis
de Palmella, comme un crime? Avaient-ils be=
soin d'être stimulés pour continuer à marcher
dans le chemin de l'honneur qu'ils ont toujours
suivi! Peut-on supposer qu'ils se soient laissé
entraîner par des suggestions et qu'ils aient agi
sans la plus grande réflexion? La proclamation
ci-dessus mentionnée ne signifie-t-elle plus
que la ratification de leur protestation?

4.

La manière peu mesurée avec laquelle les juges parlent de ces deux respectablés diplomates,
est si audacieuse et si indigne, qu'elle offense à
la fois l'empereur du Brésil et tous les souverains du monde, dans les personnes de deux
membres du corps diplomatique.

Le vicomte d'Itabayana était envoyé extraordinaire et ministre plénipotentiaire, près de la
cour de Londres, et le marquis de Rezende avait
quitté Vienne pour cause de santé, mais les
juges n'ont pas eu honte de dire que ces deux
diplomates se trouvaient exprès à Londres,
dans le but de faire publier la susdite protestation.

Risum teneatis : « Les juges disent, que ces
diplomates ont eu la maladresse de mettre au
nombre des actes mentionnés dans leur protestation, le décret du 13 mars, par lequel S. M.
a, dans le temps de sa très glorieuse régence,
dissous la chambre des députés à Lisbonne, et
celui du 25 avril, par lequel le même auguste
seigneur a daigné répondre à la requête de la
commune de cette ville, sans se rappeler, qu'en
vertu de son pouvoir suprême, même en qua-

lité de régent, il pouvait publier l'un et l'autre. »

Il était réservé aux membres de la commission, de nous présenter un régent, avec un titre dû seulement au Roi : un régent investi du pouvoir suprême, et apposant la signature royale sur ses décrets.

L'infant pouvait, en qualité de régent, dissoudre la chambre des députés, dans le cas où le bien de l'état l'aurait exigé ; mais le décret qui a ordonné cette dissolution, devait aussi contenir l'ordre pour la convocation d'une nouvelle chambre.

L'infant ne pouvait donc nommer une commission pour faire de nouvelles instructions pour la convocation de la chambre ; il ne pouvait non plus convoquer les trois états du royaume, comme il l'a fait bien long-temps après, afin de consommer l'usurpation. L'infant pouvait et devait même taxer de tumultueux, les procédés de la commune de Lisbonne ; mais ce qu'il ne pouvait point, c'était de faire publier, sous la signature royale, l'ordonnance par laquelle il avait désapprouvé ses procédés : il

pouvait encore moins dire que c'était à lui à di=
riger le plan de l'usurpation.

Tous ces actes contenaient déjà les éléments
de la trahison et de la révolte. Le marquis de
Rezende et le vicomte d'Itabayana, ne pouvaient
pas se dispenser d'en faire mention dans leur
protestation ; mais il faut remarquer que dans
ce temps, tandis qu'il existait encore une appa=
rence de gouvernement au nom du roi D. Pédro,
personne n'a opposé la moindre résistance à de
tels actes.

Sentence. « Il est encore prouvé, d'après les
pièces justificatives, que le marquis de Palmella
se précipitant d'abyme en abyme, a ensuite com=
mis toutes sortes d'hostilités contre le royaume
et contre son gouvernement, en obéissant aux
ordres de ces révolutionnaires, vils et méprisa=
bles, qui composaient le gouvernement provi=
soire, créé dans cette ville ; la preuve s'en trouve
dans l'extrait du journal anglais, la malle du
soir du 4 juin, qu'ils ont fait inscrire dans leur
gazette officielle, n. 18, on y disait : » — « Nous
savons que le marquis de Palmella a reçu hier
des dépêches du gouvernement provisoire, du

Porto , dont il n'a pas hésité de reconnaître l'au=
torité en répondant à ces dépêches et en obéis=
sant à leurs instructions, parce que ce gouverne=
ment agit au nom du roi, son maître, tandis que
celui de Lisbonne agit autrement. » Cette impu=
tation est la preuve la plus éclatante de la faus=
seté des précédentes. Si le marquis de Palmella,
comme on l'a déjà dit, n'a reçu que le 4 juillet,
les premières dépêches du gouvernement du
Porto , qui n'a pu jusqu'alors compter sur son
adhésion, comment donc le marquis a-t-il pu
être l'auteur de la ligue qui a établi le gouver=
nement dont il venait de recevoir les dépêches!!!

Que le marquis de Palmella après sa protesta=
tion du 23 mai, ait écrit à Rio de Janeiro et aux
Iles, qu'il se soit rendu en Portugal, qu'il y ait
servi ; que le comte de Villaflor, le général Sal=
danha et les autres, dès qu'ils ont eu connais=
sance du décret du 3 mai, se soient rendus en
Portugal, qu'ils y aient servi et qu'ils servent
encore contre l'usurpateur, avec autant de
gloire que le comte de Villaflor à Terceira, tout
cela est naturel et juste aux yeux de la raison et
de la légitimité ; mais D. Miguel et ses ministres

voyant différemment, il est inutile de poursuivre l'analyse des autres imputations, faites dans
la sentence au marquis et à ses compagnons,
parce que toutes ces imputations accompagnées
de plus ou moins de fausseté, se réduisent à la
part active que ces illustres victimes ont prise
aux événements du Porto.

Elles se sont acquittées d'un devoir sacré, en
s'exposant à d'énormes pertes et à de grands
périls ; c'est pour cela qu'elles ont la considération du père de leur auguste souveraine, l'amour
de leur jeune reine, l'opinion du monde, et la
trahison de D. Miguel, qui leur serviront de
protestation contre une sentence, que tous les
honnêtes gens, tous les souverains, et les généra-
tions futures ne liront pas avec moins d'indigna-
tion que toutes les procédures et tous les assassinats
juridiques, avec lesquels l'infant D. Miguel, a
mis le comble à l'horreur qu'inspire sa perfide
usurpation.

Les membres de la commission abusant de
leur position, débitent tous les genres d'insultes
contre leurs victimes ; c'est ainsi qu'ils appellent
les membres du gouvernement du Porto, des

êtres vils et méprisables : cet acharnement, cette haine personnelle, est une preuve de l'in= capacité morale et légale de ces juges. Les ministres de la justice, doivent être exempts de haine et d'affection. L'homme passionné n'est pas propre à être juge. Si nous voulions les imiter nous pour= rions dévoiler les turpitudes de leur vie privée et publique : mais heureusement tout le monde en Portugal sait ce qu'on doit penser d'un Casal Ribeiro, d'un Cunha Neves, ainsi que de leurs collègues. Les membres du gouvernement du Porto, n'étaient pas des gens sans considération, c'étaient des officiers généraux, des colonels, des magistrats, et des propriétaires excessivement riches, ils n'étaient pas méprisables non plus ; presque tous avaient été nommés à la chambre des députés par plusieurs arrondissements élec= toraux, et les membres de la commission, ainsi que beaucoup de leurs pareils, n'avaient pas rougi, dans le temps, de payer des tributs d'éloges à ces mêmes membres du gouverne= ment.

Ils seraient l'objet du mépris général, s'ils s'étaient, comme les membres de la commission, souillés de la flétrissure ineffaçable du parjure et de la trahison.

Paris, ce 25 décembre 1829.

DOCUMENTS MENTIONNÉS, p. 41.

Dépêche envoyée de l'ambassade de Londres au vicomte de Santarem, le 1: avril 1828.

. . . .

J'ai remercié comme il était de mon devoir, Lord Dudley de la communication des ordres ci-dessus mentionnés et qui sont expédiés pour Lisbonne, ajoutant en même tems, que je par= lais sur cette affaire de *proprio motu*, persuadé qu'il était bien convenable d'ôter tous les prétextes de mauvaise intelligence, dont les mal-inten= tionnés pouvaient se servir, pour exciter une injuste méfiance ; afin de détruire tout soupçon, je lui ai montré la plus grande partie de ce que

Votre Excellence m'écrivait dans sa dépêche,
n° 3. . . . .

. . . .

. . . .

Votre Excellence peut être persuadée que je
n'oublierai pas la recommandation qu'elle m'a
faite de repousser par le moyen des journaux de
cette capitale, les injurieuses assertions qu'on a
publiées à l'égard de notre gouvernement. . .

. . . .

Mais la meilleure de toutes les réfutations, ce
serait de commenter la marche de notre gouver=
nement, démontrant par les faits qui arriveront
chaque jour, la fausseté des bruits que l'on a
fait circuler. . . . .

. . . .

Dépêche du 24 du même mois.

Je vois avec le plus grand plaisir, ce que Votre
Excellence a daigné me communiquer dans sa
dernière dépêche; j'aime à croire que les faits
parviendront à effacer l'impression erronée où
est non seulement ce gouvernement, mais ceux

des autres nations , d'après ce que j'apprends
par la dépêche de Guerreiro (Raphael da Crus)
ci-jointe. . . . .

. . . .

Je ferai tout de mon côté en suivant les instructions que Votre Excellence m'a transmises
d'après l'ordre de Son Altesse Royale, afin de
combattre cette opinion sans fondement qu'on
a cependant cru. . . . .

. . . .

Dépêche du 12 mai.

. . . .

. . . .

Pour ce qui concerne les nouvelles que Votre
Excellence s'attendait à recevoir de moi sur les
affaires de ce pays, je prendrai la liberté de lui
faire observer, que dans mes dépêches antérieures expédiées par le paquebot, aussi bien que
dans celles envoyées par le bateau à vapeur, qui
ont mis à la voile à la fin du mois de mars,
j'ai dit avec tout le respect, mais encore avec
toute la franchise que mon devoir exige , et de

laquelle je ne départirai jamais , tout ce que je savais sur l'effet que la nouvelle des événements arrivés à Lisbonne dans les premiers jours de mars , ont causé sur le public, et quelle était la manière de penser du ministère anglais à cet égard. . . . .

. . . .

Quant aux ministres du Brésil, je me contente de leur répéter aussi bien qu'aux ministres anglais, et à toutes les personnes auxquelles je suis obligé de parler, que Son Alteste Royale l'infant régent a maintenu et veut maintenir loyalement toutes les promesses qu'il a faites dans les protocoles de Vienne et de Londres, et que l'expérience désabusera tous ceux qui auront quelque doute sur l'accomplissement de son auguste parole. Je prie Votre Excellence de baiser la main de Son Altesse Royale en mon nom , et de lui renouveler les protestations de la constante fidélité avec laquelle j'espère continuer à remplir les devoirs de la charge dont j'ai l'honneur d'être investi. . . . .

. . . .

. . . .

Dépêche du 24 du même mois.

Très illustre seigneur,

Il ne m'est plus possible, quoiqu'ayant le plus vif désir de fermer les yeux à l'évidence, de ne pas reconnaître dans la publication du décret du 3 mai, signé par S. A. R. l'infant D. Miguel, et qui m'a été transmis par Votre Excellence, dans sa dépêche réservée, n. 8, une visible contradiction avec le serment de fidélité que j'ai prêté au roi mon maître, et à la Charte constitutionnelle, que Sa Majesté a octroyée à la nation portugaise, puisque le susdit décret ne fait aucune mention du nom du Roi, et ordonne la convocation des Cortès, selon l'ancien usage, tout-à-fait différent de celui établi par la Charte constitutionnelle. Je me trouve dans la pénible, mais absolue nécessité de réclamer les ordres du Roi mon maître, que j'ai l'honneur de représenter à cette cour, afin de pouvoir régler ma future conduite, selon ses volontés. Ayant reçu

avant hier (le 22), la dépêche de Votre Excel=
lence ci-dessous mentionnée, j'ai pris hier même
la résolution d'adresser au ministre des affaires
étrangères de Sa Majesté Britannique, une note
dont je vous fais passer la copie, et je puis assu=
rer Votre Excellence, que dans toute ma car=
rière politique, je n'ai jamais fait un pas qui
m'ait causé plus de peine; mais je suis con=
vaincu de sa justice et de la nécessité de le faire.
Votre Excellence ne pourra douter du vif inté=
rêt et des bonnes intentions avec lesquelles j'ai,
avant et après l'arrivée de Son Altesse Royale
l'infant régent du Portugal, tâché de me rendre
utile à l'État, disant toujours (très respectueuse=
ment) la vérité sur les conséquences qui résulte=
ront de toute déviation dans la conduite que le
devoir prescrit aux ministres et aux conseillers
de Son Altesse Royale.

Je suis persuadé que cet auguste seigneur re=
connaîtra un jour que je lui ai constamment
parlé le langage de l'honneur. Je fais les vœux
les plus ardents pour qu'il puisse prendre l'hé=
roïque résolution de s'arrêter au bord de l'abyme
dans lequel il est prêt à tomber, et je ferai de

bon cœur tous les sacrifices qui dépendront de moi pour obtenir un pareil résultat. Ne devant pas abandonner les affaires de l'expédient, tels que les paiements des pensions et les intérêts des individus portugais, pendant que durera l'interruption de la correspondance officielle entre cette ambassade et le département dont Votre Excellence est le ministre, j'ai chargé de toutes ces affaires le consul Francisco Feixeira de Sanpayo.

Je baise avec tout le respect, la main de Son Altesse Royale, pénétré du plus grand regret de me voir dans des circonstances qui me forcent à faire un pas si contraire à mes inclinations, et aux espérances que j'avais conçues et que je me flatte encore de voir réaliser.

Je suis, etc.

Très illustre seigneur vicomte de Santarem,

Signé

Le Marquis de **PALMELLA**.

Londres, le 24 mai 1828.

BIBLIOTHEQUE NATIONALE DE FRANCE
3 7531 03972157 7